AF607021
AVERSO

# LOS VERSOS DE LÁZARO

Isaac Páez

Número 32 de la Colección **PERVERSA**

*Los versos de Lázaro*

Edición al cuidado de Averso Poesía
*www.aversopoesia.com*

*hola@aversopoesia.com*

Primera edición: abril de 2024
ISBN: 978-84-10027-31-2
Depósito Legal: GR 537-2024

Impreso en España - *Printed in Spain*

*El papel utilizado para la impresión de este libro está calificado como papel ecológico y procede de bosques gestionados de manera sostenible.*

# LOS VERSOS DE LÁZARO

Isaac Páez

*Detectan numerosos casos del espectro autista en los niños nacidos durante la pandemia del coronavirus*
Noticia extraída del diario ABC 03/02/2022

*Al final sólo queda*
*la voz, la voz, la poderosa voz*
*de la llamada:*
*—Lázaro,*
*ven fuera.*
JOSE ÁNGEL VALENTE

## Paciente cero

*Y así, el hombre de todas partes*
*que en horas de aflicción reza,*
*reza a la divina forma humana.*

William Blake

No la apariencia,
sino la cosa en sí.
No la materia,
tan solo la divina forma humana.

Lázaro, eres lo más profundo
cuya superficie haya
jamás tocado.

Ojalá supiera decirte qué te aguarda
a este lado del río
donde hoy te encuentras.

Todo recién nacido es en el fondo
paciente cero de un futuro incierto.

## 16 de mayo de 2020

*A Lucía, madre de Lázaro*

Hoy Lázaro ha nacido en medio del silencio.
Mayo y hospital,
test negativos.
Su primera visión aun siendo ciego
es una mascarilla.

Apenas ha llegado y ya tememos
el destino de azogue que le aguarda,
los círculos exactos de la luz
que enmarcan la infección en su rutina.

Cómo iba yo a saber que un nombre
de hombre sería solo
el negativo
de una eternidad hecha imagen
que deslumbra al trasluz de todos
los difuntos que nosotros, sin tregua,
arrastrando llevamos.

*La ceniza ha roto aguas en tu vientre,*
*por eso has dado a luz lo que fue sombra.*

## Reproducir de nuevo

¿Y si Dios comenzara hiriéndose a sí mismo
y nada más que el eco, al clamor de la llamada,
acudiera preguntándose su nombre?

Yo vivo en tu voz, Lázaro,
desprendiendo la noche que refleja
la longitud de tu silencio.
Di *agua, madre, pan*;
tantas cosas primeras que se escapan
de una lengua que no fragua en palabras.
Dime, Lázaro, dónde habita el verbo
escindido en tu garganta de alma nueva.

Y puede que aún no sepas cómo nombrar
la raíz exacta de la sangre
del fuego que ahora arde en nuestro hogar:
sería la voz de Dios si Dios hablara.

Duerme tranquilo, Lázaro, duerme el sueño bruto
de los poetas que ya no logran decir nada
mientras sus bocas se llenan de vacío.

Quizás nunca sabrás tu nombre
por más que yo te llame entre la gente,
quizás por más que grite el miedo esdrújulo
el miedo quedará después de todo.
Quizás todo dentro de tus ojos
tenga el color dorado de los días
en los que siendo niño caminaba hacia el pilar

y la tarde amarilla caía sobre la encina
haciéndome con ella
uno en su corteza.

El color amarillo te llama con su luz:
los objetos amarillos, el abrigo amarillo;
y tu índice adiestrado, hacia el sol reclamando su tacto.

¿Y si lo que eres fuese fruto
de aquello que nosotros engendramos a la altura
del dolor que nos crece en el estómago
desde el origen del humo que da forma
a la forma primigenia de esta angustia?

Un quiste en la memoria,
un esguince corazón adentro.

Llega la noche y todos duermen, Lázaro,
pero nosotros no sabemos cómo navegar en tus tinieblas,
qué viento seguir, qué latitud de urca que hunde proa
en el golfo de todos los dominios mudos.

Ojeras y cápsulas de café intenso,
electrodomésticos encendidos, párpados pesados,
la televisión en bucle con los anuncios que te gustan.

*En lento remolino ha ascendido el silencio.*

La noche es una empalizada
elevada con dudas y argamasa de insomnio;
y no quiero estar aquí, aunque tampoco lejos.

*Su hijo presenta rasgos propios del espectro autista*
*y se derrama en ecolalias sin sentido,*
*su obsesión por el color amarillo y cerrar puertas*
*es una alerta más entre otras tantas.*
*Hablen con otros padres con hijos como el suyo,*
*estén unidos, sean fuertes, él les necesita.*

Son las tres de la mañana y has jugado
a cerrar todas las puertas de la casa,
los cajones,
las ventanas;
y ya no queda nada que esté sin ocluir:
ojalá con mis heridas tuvieras ese don.

Enciendo la televisión, busco en YouTube
las cabeceras musicales con que bailas
una y otra vez hasta el hartazgo.

Los anuncios que aparecen de repente
contienen la verdad del mundo:
ropa de segunda mano, cursos de inglés definitivos,
aplicaciones para vender coches,
la casa de tus sueños en un solo clic.

La vida es lo que pensamos mientras dura un anuncio.

Empieza el nuevo día, Lázaro,
levántate, sal del hipnótico
concéntrico círculo del tedio.
Y es que parece que todo hubiese sido ya
y Dios se limitara a pulsar siempre
*reproducir de nuevo.*

## Azoteas

Te recuerdo vagando
entre cordeles con ropa limpia en la azotea.
Las varices dolientes, la ansiedad
por quien no ha empezado a vivir
y ya está solo.

*Le llamaremos Lázaro para que siempre*
*pueda elevarse pese a todo,*
*resurrecto en mitad de tanta muerte*
*y tanta angustia*
*del ser ya sin consuelo.*

De una pared a la otra y vuelta a comenzar.

En un horizonte de ladrillos y antenas parabólicas
fijabas la mirada interrogante.
*¿Cómo pudo empezar lo que no tiene fin?*

Y cubrían tus lágrimas el cielo
con su cerco de amor hecho rocío.

## Espectro

Han pasado más de tres años
y todavía no hablas, Lázaro.
Un mundo enmascarado te dio la bienvenida
y aún no sabes que una boca se abre al tiempo
y modula la forma sin materia
de esta realidad que es la palabra.

*La sombra de tu mano señalando*
*con la sombra de tu índice*
*la sombra de lo que desea.*

Quizás por eso te encandile el movimiento
batiente de las puertas al cerrarse
o abrirse hacia la luz,
aunque los médicos afirmen lo contrario
y hablen de trastornos obsesivos.

¿Qué sílaba esperar de quien nació en silencio?
¿Qué mejor discurso para este tiempo oscuro?

Nos bautizan con agua porque arrastra lo que somos
y con ella desapareceremos
rumbo al inmenso mar;
náufragos primogénitos,
efímeros prodigios con un nombre
que grabado en la piedra se hará piedra
para volver así, sin nombre ya,
a ser parte del agua.

Nacido en estado de alarma.
Callada ley marcial bajo tu lengua.

## Primera dosis

La terapeuta que intenta hacerlo hablar
lleva una mascarilla con dibujos:
superhéroes sobre un fondo azul.
Lázaro mira esos motivos
y no comprende dónde está su boca.

¿Es tal vez, oh Wittgenstein, razonable
acercarse a la articulación de la palabra
sin un acceso al útero que acoge
la carnívora flor de la existencia?

En la sala de espera aguardan otros
párvulos con mudez amamantados,
hijos de la COVID y del dolor:
primera dosis de silentes *postpandémicos*.

## UCI

Yo leía a Céline ignorando las noticias,
tú contabas las semanas y hacías cábalas
con la mejor ubicación para la cuna,
la ropa necesaria, sus primeros juguetes.

Albergábamos tanto miedo como asombro
por ver crecer la vida vientre afuera.
Entonces me dijiste aquello de
«la vida es un osario a cielo abierto».

La curva de contagios crecía con tu barriga.

Bien mirado, todo útero materno es una UCI
que intuba de esperanza al ser que espera.

## El mismo peso

Después de llegar Lázaro se marchó tu padre
porque la vida es así de simple en ocasiones:
nacer, morir,
como puertas que solo significan
la luz que dejan ver al otro lado.

En el crematorio mantuvimos la distancia
viendo por la ventana que la niebla
se unía con el humo de los hornos.

Te entregaron una urna con cenizas.
«Pesa idéntico a Lázaro al nacer»,
dijiste a media voz camino a casa.

## El aliento de Dios

*A mi padre*

Fuiste esbelto en el dolor como una flor de fuego.
Noche tras noche bocabajo
para que contemplaras las puertas del infierno
y dijeras que aún no era tu día.
Padre, yo sé que lo sentiste,
que miraste a los ojos de la noche
y la noche vio en ti lo inquebrantable.

Tus pulmones manchados por el miedo
con la estría del horizonte en la garganta.

Quien ha visto la muerte tan de cerca
sabe que el aliento de Dios
huele a quemado.

## Oficio de silencio

Desbloquear el móvil en plena madrugada
darte la mano, tratar
de silenciar tus gritos.

Contemplamos el paso de todas las horas
como una procesión hecha de nervio,
soledad y sueño.

Tu voz rompe la calma y la reduce
a tumefacta sien de árbol caído;
porque si un árbol cae en mitad del bosque
sé que oiré tu nombre, Lázaro.

Cierres de seguridad en cada puerta,
rejas en todas las ventanas,
apliques de silicona en las esquinas de las mesas
y protecciones para enchufes.

Nuestra casa es una normativa antes que un inmueble.

Recuerdo que una vez fui joven, tenía tiempo,
leía cuando quería y dormía de un tirón la noche entera,
me daba igual si llovía o quién gobernase
y escribía sin descanso creyéndome capaz.

*Aquel que ya no soy también soy yo.*

Ahora te acompaño semanalmente a unas terapias
donde tratan de sacarte las palabras

a fuerza de repetir una y mil veces
canciones, números, colores.
Te muestran pictogramas con imágenes
para enseñarte los sonidos que componen
la realidad de cualquier infancia:
reloj *tic tac*
pato *cua cua*
gallo *quiquiriquí*
gato *miau*
teléfono *ring*.
Tú señalas cada imagen como si quisieras estar dentro de ellas
y es una herencia platónica
de fuego y sombra bajo el mismo techo.

Antes de marcharnos,
la terapeuta me recuerda ejercicios, pautas y rutinas
para poner en práctica contigo en el ámbito doméstico;
pero nuestra casa quema, Lázaro,
las paredes parecen venirse abajo a cada instante
y tienen úlceras de miedo creciendo en sus grietas.

*Ma-má, pa-pá, be-so,*
*ca-sa, her-ma-no.*

Tú y yo reducimos el mundo a sílabas por caminos contrarios.
Gracias a ti lo he comprendido, Lázaro:
la poesía es oficio de silencio.

## Escribir

Quizás Lázaro no hable porque sabe
que todo tiende ahora a estar callado,
su garganta como un motor de Tesla
saliendo de la luz sin hacer ruido.

Escribir en vez de rezar:
por eso los poetas inventaron
el primer teletrabajo de la historia.

## La noche en que naciste

La noche en que naciste era de día
y dormí en una sala a solas
mirando una pantalla plana con imágenes
sobre cómo desinfectar manos y objetos,
parecían vídeos de Muntadas
con su áspera llamada al observante.
No cambió nada la luz durante horas,
el vigilante de seguridad
como una escultura de Cattelan inmóvil
en un restaurante de Massimo Bottura.
El extintor de verso octosilábico
«rómpase en caso de incendio».

La noche en que naciste no ha pasado aún,
fuera del tiempo asida a mi memoria
como el arte en continua evocación.

## Desde entonces

Desfigurada luz de agosto en tus pupilas,
recorres el pasillo llevando entre tus manos
algún tesoro extraño y llamativo:
un mando a distancia, cartas del banco,
mi reloj, unas monedas, las llaves del Citroën.

Solo te interesa aquello que se esconde
y todo debe calibrarse con la boca
porque la lengua es el órgano
de la curiosidad que se hace agua
y corrige la aridez que te rodea.

Aún recuerdo el cuestionario y su inferencia.

*¿Lleva a cabo algún juego simbólico*
*como dar de comer*
*a un oso de peluche?*
No.
*¿Muestra atracción por sus juguetes?*
No.
*¿Juega con otros niños en el parque?*
No.
*¿Juega con su hermano mayor?*
No.
*Conclusiones: Lázaro solo juega a abrir y cerrar puertas,*
*le gustan los objetos amarillos*
*como un aro que trae su padre a la consulta*
*y entrega al niño cuando está nervioso.*

*Lázaro muestra escaso*
*panículo adiposo,*
*cierta microcefalia,*
*episodios de insomnio*
*y su madre cree que dice «hola» cuando grita «ahhhh».*
*Lázaro tiene el nombre del primer zombi conocido,*
*pero sus padres lo eligieron*
*por la música que tienen las esdrújulas.*
*Lázaro escasamente interactúa*
*y muestra un riesgo alto en el espectro autista.*

Desde entonces hemos comprado juguetes sensoriales,
cuentos con texturas y puzles que fomentan
la psicomotricidad y cuyas piezas
desaparecen cada día debajo de algún mueble.
Desde entonces hemos ido a asociaciones,
a talleres para padres, conferencias.
Desde entonces hemos visitado
consulta tras consulta de especialistas de prestigio.
Desde entonces hemos comprado
condenas para puertas y cajones,
libros que prometen
iluminar la noche en que vivimos.
Desde entonces hemos probado
cientos de complejos vitamínicos
para lograr que engorde y duerma
más de tres horas seguidas.
Desde entonces hemos vendido
casi todo lo accesorio
y abandonado la costumbre
de comer fuera los sábados.

Desde entonces hemos hecho malabares
para costear logopedas y pruebas
que el estado del bienestar ya no contempla.

Desde entonces comprendemos
que solo sufre plenamente quien puede costeárselo.

## Haiku del confinamiento

La primavera
estando confinados
es otro invierno.

## Cuarentena

Te demoraste quince días para nacer
con respecto a los cálculos previstos,
imagino que querrías venir al mundo
habiendo ya cumplido la exigencia
de guardar cuarentena antes de entrar.

## Cansancio

Te despiertas, Lázaro, y ya sólo
puedes sosegarte agarrando una mano
u ocupando mi lugar junto a tu madre.
Entonces la mañana es un rumor de cafeteras
y voy al trabajo como quien va hacia un limbo
de papeles sin sentido y tareas fuera de plazo,
me llaman al orden y yo digo tu nombre,
doy pena, y es lo que busco,
porque un hombre que da pena
tiene licencia plena con lo inútil
y eso se parece al arte más que el Louvre.

*Había un ratón, tón, tón*
*muy chiquitín, tín, tín.*

Trastornos del comportamiento/trastornos del sueño/
insomnio /código de baja laboral F55.

Me recetan pastillas
para dormir sin comprender nada,
porque los médicos suelen
luchar contra lo orgánico
obviando al ser que acoge
tanta víscera viciada.

Llevo seis años acudiendo al mismo médico
y en cada visita he de recordarle
mi nombre, mi profesión, mi asma incurable,
la dermatitis

que desde la adolescencia me ha borrado
las líneas de las palmas de las manos.

*Y una gitana me leyó la mano*
*y se marchó asustada santiguándose.*

Un buen enfermo es ante todo un buen narrador,
no hay tragedia sin relato,
solo una inmensa noche que avanza sobre el alma.

Pero yo ya no sé si oigo tus juguetes,
tus gritos o es mi mente
quien convierte ese sonido en blanca especie
mientras hila la mañana su paño delirante
con la forma de tu nombre hecha cansancio.

## *Grosso modo*

Noche tras noche sin dormir,
sesiones de terapia, muchas dudas,
calles vacías, Google Classroom,
por herencia un país cansado.

Da miedo pensar lo que os aguarda
y da gusto contemplar quiénes vais siendo.

Arrepentirse de todo sin querer cambiar nada,
en eso consiste ser padre
*grosso modo*.

## Juan, 11

*Y el que estaba muerto salió atado de pies y manos con vendas,*
*y con el rostro envuelto en un sudario. Jesús les dijo:*
*«Desatadle y dejadle andar».*

Por las ya comentadas urgencias personales,
me tomo la licencia de cambiar
un poco el texto bíblico a mi antojo:
*desatadle y dejadle hablar.*

Creo en el conjuro que la palabra crea.

La poesía, igual que el evangelio,
consiste en explicar lo inexplicable.

## Club Carrefour

*Carrefour España extiende «La Hora Silenciosa»*
*a favor de las personas con autismo.*

El Carrefour a la hora de la siesta
constituye un edén de bajo coste.
Hay tiendas de animales, exóticos perfumes ofrecidos
y un McDonald's con vistas a edificios
nacidos bajo el sino del *boom* inmobiliario.

La vida se parece al Carrefour
porque cada cual arrastra dentro con su carga.
La vida se parece al Carrefour
más que a los tediosos anuncios de cerveza
donde jóvenes ambiguos desvirtúan
con sus cuerpos turgentes
la errática verdad de ser alcohólico.

Pañales talla 5,
toallitas húmedas,
cajas de leche,
cereales con fibra,
desinfectante para biberones,
baberos desechables,
*gluten free* allá por donde vaya.

Casi no nos alcanza para tanto,
pero en Idealista buscamos casas frente al mar
o adosados con piscina donde Lázaro
pudiera liberar el ser que lo silencia,

abrir y cerrar puertas sin despertar a los vecinos,
gritar en plena madrugada lejos de aquí,
lejos de las miradas llenas a la vez
de pena y aversión.

Frustración a frustración llega el futuro
y en nada se asemeja a lo previsto.

*La Hora Silenciosa.*
*Tarjeta club Carrefour.*
*50% porque tú vuelves.*
*Cliente papel cero.*
*Le ha atendido Gisela.*

La próxima semana estaré aquí,
también la otra,
solo soy un fantasma en una videocámara de seguridad:
el último eslabón de la tristeza.

## Lázaro

Has despertado aquí, Lázaro,
sobre la bóveda otra bóveda infinita.

Ahora estás a salvo, contenido
en el soplo feraz que da la vida.
Cáliz de osamenta breve, levántate
y marcha hacia el altar de lácteo empeño.

Hay hormigas y gusanos que acuden al banquete,
la espada sobre los inocentes está lista,
dispuesta al cuerpo que cae como los párpados
donde el alma del héroe se asfixia
y ya no soporta ese mirar lleno de nada.

Lázaro, tú que vienes a un mundo en bancarrota
y rompes el alba epidérmica en un llanto
sintiendo el esplendor del mediodía;
tú que has heredado un osario tan grande
como el mundo que te espera al otro lado.

Pero observa ahora cómo crece la luz
en el vientre amputado de la uva.
Esta pequeña semilla, como madera embrionaria,
resumiendo el recorrido de tu sangre.

Mira hacia aquí,
este es tu hermano,
que tiene el corazón hecho de fósiles;

y esta tu madre,
que brota cada mayo en forma de agua fresca.
Todo es muy sencillo si te fijas:
el estómago se abulta cuando espera alimento
porque el vacío llena tanto como el trigo
y la tristeza que se esparce con la fiebre
entre arcos ciegos que apuntan a febrero.

Nombro tu nombre y entonces el misterio
nos revela que las piedras
enseñan a los hombres a morir.

Y, tal vez,
lloras porque no entiendes la luz,
pero el llanto es solo agua
que no quiere perderse.

Ven, acércate y toca con cuidado
la frente de tu hermano nacido bajo el tálamo
de un río que ya no existe aquí,
justo donde ahora
pisamos estratos de un plazo no cumplido.

Quien vive entre dos mundos tiene derecho
a estirarse dentro de su alma.

¿Notas la suavidad y la esperanza frágil
que exhala cada vez?
Ahora su cuello busca el frío de la espada,
por eso tenemos que huir de aquí,
porque hay hojas tan largas como el otoño

y reyes vengativos que no entienden
que no existe más corona que el ardor
de la mañana trazando la montaña.
Cierra entonces los ojos y no dejes
que la oscuridad rompa otro amanecer,
ni mires la hilera de príncipes cruzando la alambrada
ni a los soldados que apuntan con sus armas
desde atalayas de oro.

Y cuando el orbe se abra como una boca hambrienta,
seréis vosotros, hijos míos, los dos labios
que sellen la derrota de los hombres
en un silencio que empieza ya a escucharse.

Trae ahora el pan y el vino,
tú, hijo mayor,
que has sido estoico en la derrota.
Estás hecho de paz y transparencia,
por eso te duele el aire en los pulmones.
Ven, acércate
y aprende a usar las manos de esta forma,
a repartir lo justo entre los justos
y a servir volcando suavemente
la inteligencia dormida del sarmiento.

El único misterio será entonces
tanta bondad rodeada de cuchillos,
tanta inocencia ahogada siendo agua.

Pronto será el mes de la apertura y aún mantengo
con mis manos el ramo que os sustenta.

Después vendrá la hoz y la ofensiva
de agosto con su luz quebrando párpados,
y Lázaro a tu lado dirá «agua»
y solo tendrás que responderle
con el hueco de tus manos hecho estanque
antes de que aparezca la palabra.

Quien bebe de las manos de su hermano
aprende a besar la vida, a dar las gracias.

Después,
la encina os dará sombra
y el arroyo un idioma con su rumor eterno.

Será el momento entonces de arrojar la piedra
hacia el lecho y vadear
la aridez del estiaje hacia lo ancho.
La onda se expandirá igual que vuestra infancia
y así llegará a cubrirlo todo,
como un simple guijarro que ahora duerme
su sueño duro y simple
bajo un jergón de barro:
epicentro de atmósferas celestes
que solo con caer alza su vuelo.

Hay un coro de ángeles calcáreos
que aguarda por los huesos con paciencia,
preguntando a cada hora por la hora
del faro que conduce hacia la calma.

La música que oís en esta noche
es solo el crepitar de quien espera,
la explosión de amor que dio comienzo al mundo
y no termina nunca de extinguirse.

# DEDICATORIA

*Este poemario está dedicado a todos los niños y niñas con autismo y a sus padres y madres, por luchar cada día contra un espectro invencible y no replegarse nunca; a todos los profesionales que trabajan con Lázaro, especialmente a Inmaculada Gutiérrez y Noelia Quirós por la profesionalidad infinita y el cariño que ponen en lo que hacen; a mi hijo mayor, Alonso, hermano y centinela de Lázaro que llena con su bondad los días de silencio; a Lucía, madre de Lázaro, sostén del mundo aun en tiempos de tinieblas.*

*Y sobre todo a ti, Lázaro, con la esperanza de que un día puedas acercarte a estos versos que, en el fondo, tú has escrito.*

# ÍNDICE

Paciente cero ..... 11
16 de mayo de 2020 ..... 12
Reproducir de nuevo ..... 13
Azoteas ..... 16
Espectro ..... 17
Primera dosis ..... 19
UCI ..... 20
El mismo peso ..... 21
El aliento de Dios ..... 22
Oficio de silencio ..... 23
Escribir ..... 25
La noche en que naciste ..... 26
Desde entonces ..... 27
Haiku del confinamiento ..... 30
Cuarentena ..... 31
Cansancio ..... 32
Grosso modo ..... 34
Juan, 11 ..... 35
Club Carrefour ..... 36
Lázaro ..... 38

Dedicatoria ..... 45

*Este libro se terminó de editar en Granada*
*en abril de 2024 por*

**www.aversopoesia.com**
*hola@aversopoesia.com*